Visages de Marie

Frédérique Marleau

Visages
de Marie

à Alain

certains vers de poésie rencontrés
d'autres bousculent et ouvrent
des portes dans la conscience.

Bonne lecture.

Frédérique Marleau

9/11/06

[fœj]

**MARCHAND
DE FEUILLES**

Marchand de feuilles
C.P. 4, Succursale Place D'Armes
Montréal, Québec
H2Y 3E9
Canada
www.marchanddefeuilles.com

Révision: Annie Pronovost
Conception graphique et mise en pages: Marike Paradis

Couverture: Photos par Serge Decotret
Collage par Monk Boucher

Direction artistique: Mathieu Tellier

Infographie: Roger Des Roches

Distribution au Canada: Marchand de feuilles
Distribution en Europe: Librairie du Québec/DNM

Les Éditions Marchand de feuilles remercient le Conseil des Arts du Canada ainsi que la Sodec pour leur soutien financier.

 Conseil des Arts du Canada   Canada Council for the Arts

Catalogage avant publication
de Bibliothèque et Archives Canada
Marleau, Frédérique, 1975-
Visages de Marie
Poèmes.
ISBN 2-922944-31-X
I. Titre.
PS8626.A755V57 2006   C841'.6   C2006-941333-9
PS9626.A755V57 2006

Dépôt légal: 2006
Bibliothèque nationale du Québec
Bibliothèque nationale du Canada

Imprimé au Canada

À mon fils

La Mère

À mon fils

il aura fallu que l'on t'arrache
des griffes de mon ventre
pour que tu naisses
ni toi ni moi
ne voulions plaider coupable
aux lubies de la jeunesse
maintenant je t'aime
maintenant c'est toujours
tu domineras nos faiblesses
peut-être comprendras-tu les exigences
de ma vie de poétesse
heureuse la nuit et la tête
passée dans l'au-delà de la fête

si je n'ai pas bien joué le rôle
qu'une vie sacrificielle m'assignait
si j'ai su limer les crocs de ce piège
j'aurai fabriqué le mieux
surtout n'oublie pas, mon sang
qu'en te blessant tu me blesses

puisque le sentiment oppressant
d'un grand destin persiste
à m'appeler de son horizon violent

lointain comme le réveil
sache que je ne te perdrai jamais de vue
que je pars en fusée en moi-même
que tu fais partie de ma respiration
que sans toi je ne serais pas complète
et assez forte à mon tour
pour te serrer dans mes bras
et t'aimer, mon fils
de cet amour qui ne meurt pas

Le sang, la sueur et les larmes

ça commence dans une chambre couleur saumon
aux jolies armoires dissimulant derrière leur rose
innocent les instruments de torture

dans un instant ou deux sera coupé le fil
qui relie nos vies
dans un instant nous serons deux

couchée sur un lit de métal froid
dans des draps trop blancs pour éponger le sang
un étranger indifférent à mes côtés
qui sort fumer de temps en temps
des uniformes bleus et blancs comme des langes
des gens gentils comme on dit des machines
dont le fonctionnement m'échappe

je ne compte plus le nombre de ces automates qui
s'assurant du bon déroulement de la nature
mesurent l'ouverture par où entre le plaisir
et sortent les plus ou moins fâcheuses conséquences
je ne compte pas assez de doigts
pour additionner ceux gantés de latex
chargés de m'inspecter le sexe
—mon amour c'est moi qui ai refusé que tu t'en couvres...

passent les heures perle la sueur
s'effectue durement le labeur du corps qui se contracte
malgré mon manque d'ardeur et d'effort
docile j'avale les calmants dans l'espoir
de rattraper les événements qui me dépassent
menacent d'éclater comme ce ventre qui ne
m'appartient plus
engourdir la volonté de naître de cette
entité indépendante

absente
sanglée
branchée sur une machine à mesurer
l'amplitude et la fréquence de mes souffrances
à l'envers de l'orgasme
ailleurs dans les limbes
incapable d'admettre mon refus
de mettre au monde un autre que moi-même

on m'injecte la solution qui engourdira la douleur
la moitié de mon corps au risque de le paralyser
des orteils de cadavre auxquels ne manque plus que
l'étiquette
« elle a trépassé pour que vous naissiez »
un ventre qui refuse de se soumettre
une porte de céder

le bistouri m'attend au bout des doigts gantés de latex
Dieu le chirurgien et sa panoplie d'assistants
en blouses bleues et plus blanches que des anges
sur un lit roulant l'impatiente !
et tout ce qui s'oppose à aller comme sur des roulettes
les néons aveuglants
les bras en croix
les sangles
la crucifixion
le masque à gaz
la roulette russe
la terreur
la peur
de disparaître dans le néant
de ne plus jamais me réveiller
la lumière se voile
silencium

j'émerge
animée de spasmes épileptiques
les blouses bleues se font enveloppantes
les tremblements s'atténuent
clouée au lit roulant par mes jambes inertes
je rejoins l'heureux géniteur
au bout du couloir par une grande fenêtre

je vois une douzaine de petits êtres
on m'annonce qu'il se trouve là
au bout du doigt de la blouse bleue
on m'annonce qu'il est à moi
rose
innocent

je n'ai pas pleuré de joie
non
je n'ai pas pleuré de joie

Ce qu'on tue sans le savoir

on coule le moule dès l'enfance
on assassine le génie
on le tue dans l'œuf
on lui interdit d'être
on le comprime
on le blasphème
on le nivelle par le bas
on le soumet au bien et au mal
on lui enseigne les lois
on bétonne sa nature
on bâillonne sa vérité
on brise en deux le beau fruit
on compartimente sa plénitude
on maudit son élan vital
on le convainc de sa méchanceté
on le réduit à la violence
on nomme savamment ses maux
on parle d'élevage
on dicte le pas
on craint la liberté
on ridiculise ses pouvoirs
on lui façonne un Dieu
on lui formule des prières
on lui ordonne de se taire

on prépare son lit de mort
on le détourne des enjeux majeurs
on alimente sa peur
on verse de l'acide sur son allégresse
on ne veut pas l'entendre
on opère une lente agonie
on ne m'avait surtout pas dit
que ce serait si difficile
d'arroser les semences d'une rebelle
pour espérer les voir fleurir
que les moyens de délivrance d'une mère
souffraient d'être entravés
on s'est bien gardé de me dire
que je ferais toute la différence

Mosaïque de la grisaille

le ciel prolonge la ligne bleue
de ma cigarette ultra-légère
moutons de fumée dans l'air
à tondre pour vaincre l'insomnie

mon cœur use le trampoline
serpente comme une eau de source
les marécages ne sont pas si troubles
car je lave mon amour de la boue

pourquoi t'es-tu donné
mon fils chéri
tant d'obstacles à surmonter
pourquoi t'es-tu donné à ça

les touches grises de mon clavier
Paolo Conte s'est tu
le tabac grésillant à nouveau
une pensée pour l'éternité

Montréal s'allume entre les stores
les édifices pétillent
je bois le monde
et Sartre le fume

un rayon s'annonce incisif
au travers de l'épaisse grisaille
dernière bouffée de cigarette
un seul casse-tête dans la mer de l'Unique

le ciel calciné prolonge mes pensées
le phare tournoie comme un manège
au-dessus des lumières désintéressées
des nuages mis en relief

mon cœur inquiet comme une mère

L'éternité à temps plein

un garçon étincelant
d'avenir loin devant
si plein
il prend ma main
je ne sais qui sert de guide
le souci seul du plaisir
d'occuper le temps et l'espace
disponibles rien que pour nous
il ramène ma main à sa joue
l'heure est à chérir
l'aventure dans le Voir
les miroirs s'échangent des sourires
en moissonnant le ciel
ses fruits tombés au ras la ruelle
à ramasser du regard
nous traversons des champs de lumière
éblouissants de jeunesse
gourmands d'absolu trempé dans le miel
la chlorophylle et un soupçon du fiel des villes
nous circulons dans nos artères
de connivence avec le vent
les maisons châteaux de cartes
menacées de s'envoler
aussi haut qu'il est possible
de descendre en soi

À la piscine

cholos en herbe
petits bandits basanés
sous les bandanas les regards sombres
annoncent les futurs criminels
l'eau claire contraste le trouble
mon fils s'y baigne
si plein d'un passé de fureur
il échappera je le sens
aux voies pavées de misères

quelque chose en lui s'est mis en marche
quelque chose d'indéfinissable
l'univers peut-être

ces jeunes corps desquels se détachent
trop tôt par pelures
craquantes sous les pas claudicants de l'adulte
en devenir
la mort commence sournoise à ternir
l'or des peaux tannées
du sauvage au civilisé
à l'ignorant barbare
vieux à vingt ans
puis tenter toute sa vie
de retarder l'inéluctable

ces hommes défraîchis
rangés sur les bancs autour de la piscine
qui sont-ils?
que regardent-ils?
les mères à la chair affaissée
d'avoir si souvent donné la vie
ou le nombril vert des fruits de leurs entrailles

le jugement s'arrête
je pense à Gide
tous s'observent
il n'y a que moi ici qui écrit

L'absolu, mon fils

je suis si peu maternelle et tu m'aimes si fort petit
je suis presque un père
en souffrance d'anima
je te transmets mes carences
mes peurs légendaires
en feras-tu de la poésie?
aimeras-tu à te fendre le cœur
pleureras-tu sur mon sein
les chiennes de ta vie
tes erreurs de parcours
petit génie dans une lampe
allumeras-tu le foyer de ton être tout embrassant?
qu'en sera-t-il de tes instincts
traîneras-tu une lourde pierre
jusqu'au sommet d'un mont saint
pour embrasser le sage Bouddha
sauvages ils me désignent la voie
mais j'ai souvent les pupilles qui saignent
et je ne cesse de brûler des clôtures
aussitôt reconstruites plus hautes
je m'épuise
presque un père dans ma manière
quand je suis mère je ressemble à la mienne
et je ne m'aime pas

en carence d'anima
ton amour me déborde des bras
j'ai joué la mère de mes amants
mais tu n'es pas l'amant de ta mère
et ma mère ne m'aimait pas
et moi je veux t'aimer — tu comprends?
non te serrer contre un cœur desséché
et que toi petite éponge des vibrations
tu boives tu boives l'absence de lait
alors je revêts le masque autoritaire
le «tu seras un homme mon fils»
tu feras comme moi
te débattre avec les blancs de psyché
les croisades du néant
les tristesses abyssales
et les percées de clarté
il te faut prendre des forces
l'absolu t'attend
il te traînera

La Putain

Le pervers mélancolique

il a mis l'argent sur la table
des billets rigides
il a promené son regard
bleu acier
sur la vitrine
de mon corps dénudé
il m'a lissé les épaules
en premier
comme un veuf caresse
un souvenir
la photo jaunie
de sa défunte aimée
j'ai pensé
ses yeux se sont fixés
dans les miens
pleins du triste secret
partagé
il a sorti sa verge
de son pantalon
j'ai joué le jeu
du douloureux mirage
il m'a suppliée
de lui triturer
les mamelons

Éclair de conscience

je me suis surprise ainsi
en flagrant délit de chaînes
entre les murs de l'éros bon marché
plaqué or
mes ailes cadenassées pour danser au ras du sol
entre la scène et la fenêtre
j'ai laissé planer mon regard
sur la banlieue endormie des bourgeoises
ces maîtresses de maison aux salons anonymes
je me suis surprise à envier
le feu de l'âtre voleur d'âme
la paix fragile des murs de briques
j'ai survolé les chaumières en pensée
autant de chaînes dans ces murs chauds
d'instruments de torture et de bourreaux potentiels
du pimp à l'époux un pas d'enfant
un contrat officiel
un morceau de ciel qu'on arrache
à la psyché sauvage
j'ai vu la fin dans les liasses enchanteresses
je me suis juré de ne pas pourrir
en jetant la poudre aux yeux
me libérer en temps voulu
ne plus jamais oublier mon être
même maquillé

Le chant gris d'un songe

éplucheuse de brume je hume
la fumée des aveux terribles
la grisaille humaine en vase clos
les jeux qui percent mon corps
et vrillent la musique
de pieux soupirs
de vœux balbutiés
au lendemain sans minuit
le berceau attend les enfants au berçail
nous fûmes sûrement fous de croire
que les volutes de mort dans l'esprit torve
se dissipent à jamais dans l'espace d'un songe
la seconde de volupté passée
un ange sans locomotive
un crâne sans locataire
une foi d'aveugle pour un épouvantail
sur lequel un oiseau de passage éjacule
en route vers son nid

Les divans que le temps creuse

des heures immobiles
des journées entières
immobiles
de jolies jeunes femmes
immobiles

elles dansent sans avoir trouvé leur être
le paraître à l'avant-plan
paravent du vide
elles paradent et paressent
dans l'alcôve du temps stagnant
entre le moelleux du divan
et la raideur de la couchette
je creuse le siège qui accueille
la lourdeur de mon ennui
le poids des critiques réservées à autrui
l'inventaire des bosses et des plis

une éternité à humer
l'air vicié que ces semblants de vicieuses expirent
le monde expire
rien ne bouge
seule la beauté se fane
et je ne veux pas mourir

Jours cloîtrés

derrière le moniteur
dans la moiteur de l'été
et la torpeur criarde des télés
je passe des jours entiers
à espionner les branleurs

ailleurs le foutre se perd
jeux de rôles malhabiles
s'agitent les faux pervers
identiques à ceux d'hier

noir et blanc des corps mouvants
scénarios multicolores
de nos amours troublants
ressassés dans un cul-de-sac

prends-moi encore par où vient la mort
rien que pour ça je retournerai
devant la caméra
de l'autre côté

Réconfort

une jeune femme nue
en larmes
a fondu sur moi
moi qui ne pleure pas
les victimes
son drame m'a émue
je l'ai enveloppée
dans le baume
de mes bras forts
ses seins contre mes seins
toute la dureté du monde
lui sortait de la bouche
l'impitoyable leçon de la vie
lui rentrait dans le corps
sur mon épaule ont roulé
le crachat d'un viol
et des miettes d'innocence
à tout jamais perdue

J'ai vu la bête

j'ai vu le vieillard au visage ravagé
se secouer le vit
auscultant la vulve d'une jeune fille soumise

j'ai vu le juif aux boudins impudents
si gras qu'il ne sait si les baleines ont un sexe
acheter par liasses le silence

j'ai vu la faim tenailler les entrailles
des prisonniers d'un physique ingrat
leurs viscères entraîner leur raison
dans d'ignobles guerres de pouvoir

j'ai vu des adultères confier leur pot de chambre
vider leur seau de sperme
sur des ventres fermes ornés d'un diamant

j'ai vu des Chinois au sourire ravi
traire des femmes
le fermier se faire plumer par la volaille
le boucher tâter la viande

j'ai vu des mâles virils en mal de mamans
pendouiller aux prothèses mammaires
substituts salutaires

j'ai vu des portefeuilles se dégarnir
plus vite que des fronts de cancéreux
pour des infirmières sans cœur
qui s'autoproclament médecins de l'âme
et pansent les plaies avec du plastique

j'ai vu le croyant se signer sur le seuil
l'armoire à glace se travestir
le père chercher sa fille
le frère dénoncer sa sœur à la famille

malgré tout ce que j'ai vu
de vous
nul dégoût n'a éclaboussé mes cieux
car de rares initiés qui louangent mon corps
enchantent mon cœur
et célèbrent mon esprit
rachètent les bassesses du nombre
en chérissant la déesse que je suis

divins ou non, hommes
je vous aime ainsi

La putain que je suis

je me suis enfoncé le talon
dans l'aiguillon du vice
exploratrice des marécages
complices des maris malheureux
mirage pour verges au garde-à-vous
les ongles noirs de boue au vernis rouge pompier
je tangue
et ne compte plus les étreintes creuses

à chacun son aveu dans le simulacre
j'aime montrer mon cul
tu te plais à y verser ton foutre
une entente banale de vomissures réciproques
horizontale insalubrité
prudence... je connais l'amour pur
et je chante faux le pardon qui tarde
à panser le corps subissant le pseudonyme
j'ose encore investir Dieu dans les mains sales
convertir ces bouches aveugles
en regards limpides
nourrir les indigents
incarner la chance de s'abîmer en lieu sûr

je garde mon mystère de femme dévoilée
pour mes intimes qui m'approuvent
quant à ceux qui ne me conçoivent qu'en déshabillé
sous les néons lugubres d'une chambre glauque
je réponds qu'il y a de ces putains
que l'on devra toujours payer

Un doux parfum de garce

poupée brisée par ton refus
d'accord je pue l'alcool
mon haleine de cendrier te dégoûte
toi l'ascète de la purification
tu baises tantrique
je fournis la transe au parfum
de cabaret ésotérique
tu garderais l'exclusivité
sur la collégienne en chaleur?
n'en déplaise j'ai douze ans
une douzaine de verres derrière la cravate
douze amants en file indienne
tu ne seras pas le dernier
tu souris jaune cravache en main
pour me punir d'être une sale garce
à côté de mes pompes
pour te pomper le dard tard dans la nuit
oseras-tu plonger dans la mer noire
sans y boire du goudron
te purifier dans mes étincelles
te fourrer le nez dans mes aisselles
de morveuse délurée
qui respire la vie?
j'aime les mélopées des tavernes

la bière renversée sur mes bas
prendre des poissons dans mes filets
de pécheresse accomplie
je n'ai que faire de l'économie
d'un foutre précieux
des écluses sournoises
d'un tout morcelé pour te plaire
tu voudrais que j'aille me laver?
je suis pure pourtant
plus que toi je le jure
la minijupe n'ampute pas l'esprit
elle le dévoile bien au contraire

Catin en escarpins

jouet de luxe entre les mains de Moreau
on tourne
je me retourne dans le lit
le cinéma porno de la vie courante
se déroule boa de plumes
entoure le cou de la pin-up pulpeuse et palpée
juchée sur des échasses chancelantes
je me tortille d'abandon précoce
ronronnant de plaisir
comme un moteur bien huilé

rutilante carrosserie des soirs de liesse
tu montes faire un tour chez la catin?
le temps de jouer à
mets ma verge dans ta bouche
prends mes testicules serre les bien

j'obéis au désir que j'éveille
plus la pine sera grosse
plus je serai pleine

L'Amante

La chevauchée nocturne

je n'ai de cesse de penser à ta verge turgescente
à me caresser devant tes yeux miroirs
chère monture je veux encore grimper
dans les hautes sphères de l'azur
en te chevauchant
ça glisse entre nous
je nage dans la facilité
sur des flots limpides de concupiscence
je ne cesse de ressasser tes exploits
nos excursions dans le plan cosmique
ma raison obnubilée par l'imminence de l'explosion
je deviens chatte miaulante et mouillée
ouvre ta bouche cher cavalier
que je t'inonde indolemment
des fruits de ta dextérité
sors ton glaive électrifié
mets-moi knock-out pantelante et désarticulée poupée
mes lèvres gonflées t'envoient des codes
que tu traduis dans ta langue
je ne cesse de penser à l'insolence de ton pénis
si puissamment dressé
à perdre la tête pour m'y asseoir
m'élancer brides abattues dans une aventure du ventre
t'offrir les vues du crépuscule de mon cul

émoustillé par la cadence crue
frénétique des chevaux en rut
au galop sagitaire
transporte-moi jusqu'au désert
où j'oublierai la fatalité de ton nom

Les mensurations du destin

nos cœurs indolents d'amour
cherchent à s'affaler à l'infini
sur les mentons des mortelles
en ces débauches fantasmatiques
où poupées mécaniques
et écolières en décolleté
brûlent d'un coup de langue soudain
leur ceinture de chasteté
jolies filles de papier
à quatre pattes sur les couvertures
à genoux effilochés
moi je dis
main basse sur la chair joyeuse
des femmes à la mer à prendre
des perles à sucer ensemble
filant la voie lactée
éblouis par les spasmes
gutturaux des chattes mon chéri
encore plus de chattes mon chéri
de naufragées d'éros en nos bouches réunies
toi le satyre et moi la bisexuée
nos effluves croisées dis-tu
pour un commun destin de jupons nippons
d'insatiables nymphes

de faims phénoménales
enfin l'utopie
allons dans l'instant nous soûler
de morts misérables
en attendant que la belle aux yeux d'artifices
se taille des faux-cils dans l'étoffe du vice
pour venir au bal

Discipline de velours

en m'allongeant sur la table
de velours vert
les clés dans la porte
de la boîte de nuit
je n'étais pas seule
le tributaire de mon ivresse
s'en tirait mal
face à la comparaison
car je pense en secret
aux pansements tissés
de tes caresses
comme un baume
momifiant mes ardeurs
pour le sang frais
j'élabore des projets
d'amour à distance
des fantasmes moqueurs
d'assujettissement
je commets des folies
pluridimensionnelles
l'éthique en débandade
mes amants impromptus
souffrent tous d'un mal inconnu
originaire de ma tête

faut-il que tu accompagnes
tous mes excès à l'emporte-pièce
je m'entraîne à diluer tes prouesses
et ton absence m'y encourage

Machination de la beauté

est-ce réellement toi que j'aime
ou la beauté qui a fait son nid
dans ton dos
ce n'est pas ma faute...
elle se joue de moi sous tes traits
elle occupe ton espace
à ton corps défendant
pour que chante l'insouciance du poète
rares les jours qui me séparent d'elle
s'écroulent puis disparaissent
de la mémoire vive
comme des buildings sans importance
comme un aveu fatidique
creuse un chemin vers mon essence
et c'en est fait de moi
le réveil de la chair sonne le glas
de ma volonté d'être libre
et la personne raisonne si mal
en proie à la beauté
je suis poétesse envoûtée
marquée par un appétit hypnotique
ô mon amour vois-tu
comment je perds un peu plus la tête

chaque jour béni où devant moi tu te dévêts
saisis-tu cette part de moi qui s'évade
en des états contemplatifs?

la beauté crève le cœur exsangue
ne trahissons pas nos langues
par des mots venimeux
traçons les heures rondes
légitimes d'aimer la bohème
et les étourderies d'occasion
que le flamboiement du non-sens
l'emporte sur la guerre menée contre soi
qui résiste à chavirer
dans l'eau lustrale
où les muses se baignent
où les idées pures jaillissent
des fontaines de marbre
où je puise mes poèmes et te les déclame
en proie à sa voracité

L'imposture de la souffrance

tu défriches mes contrées obscures
enfoncé jusqu'à la garde
dans un sol fertile de Soi
je tarde à repousser l'assaut
plutôt je m'ancre à tes hanches
au seuil de l'intolérable étreinte
intrusion irrévocable
j'en appelle au viol de l'intimité
à exister fort sans cogiter
à me montrer infiniment vulnérable
réjouissance du danger frôlé
défoncée d'extase
je crie à l'imposture de la souffrance
des saints martyrisés

La crise

un feu railleur
Jack m'écorche la gorge
l'humeur massacre
mon amant en vacance
chez une heureuse élue
à trop me nourrir de lui
je crève de faim soudaine
d'envie
je me contenterais au pied levé
de la seconde place
deux bons coups pour lui
en une seule nuit
une preuve de sagesse
de sa part
il me semble
autrement j'empeste
la crise
je dégage autant de sex-appeal
qu'un cadavre agité
pour nécrophile averti
un jour sans mettre le doigt
sur le pourquoi
toutes ces réponses prétextes
à larmoyer

je peindrai de jolis tableaux
avec ma misère émotionnelle
je les vendrai à des convaincus
je ferai fortune
nous partirons à Okinawa
nous nourrir de nos racines
n'importe quoi
pour mettre le doigt dessus
point ɤ des masochistes

L'amour tsé-tsé

je serai puissante dans la faiblesse
de l'amour raté
j'irai te surprendre
te suspendre à mes griffes
du balcon du onzième étage
au plafond de nos actes manqués
te prendre pour point d'absorption
de ma colère divine
tout sauf la division
des cellules euphoriques
la pénurie de carburant poétique
une année de pages blanches
de purgatoire des ombres
à prier l'autre et à se faire prier
à s'agenouiller devant la grâce
au lieu de dompter la force
une année dilettante
diluée dans les sentiers fleuris
des sexes comblés
détournement majeur de la soif
la poétesse asséchée
mordra le temps perdu
prête-moi main-forte
pour étrangler la sottise

les sanglots de la braillarde
sentimentale par inadvertance
c'est une urgence
je m'en veux
si lucide

Térébrant chagrin

je voudrais tant laver ma peine
une porte se referme
m'épuiser de pleurs jusqu'à ramer
sur l'amertume

je voulus tant que nous fûmes grands
sans l'ombrage de mes sommets
que tu t'imposes à l'éclipse
autrement que par l'ivresse
tu y noieras ta plume
va sans moi tu seras
mon infortune

je voudrais tant renouer les fils
qui nous ceinturaient de joie
qui auraient fait de toi ma bouée
comme si ce mal de mer
n'affligeait que ma mère agitée
va sans moi je vais seule
debout la boue purger

les yeux ligotés de douleur
j'ai scié machinalement nos liens
prédit l'horoscope de l'horreur
emmurée en ma neuvaine

j'ai arrosé d'essence le sous-bois
de notre amour sclérosé
j'y ai bouté le feu
téméraire et affolée
je suis laide de peurs
va sans moi regarder ailleurs

j'ai survécu à quatre pattes
à la menace acide
j'aurais aimé ne pas détaler
ne pas te faire payer ma peine
plutôt m'assagir auprès de ton cœur
tout mon soûl jouir de ma rage
que mon chagrin étaye
ma floraison
va sans moi j'ai perdu
ma maison

enfonce le clou
deviens
le surhomme promis
il n'y a plus rien à dire
à détruire sur le Sahara
il faut pleurer

creuser le lit
de rivières souterraines
que les eaux communient entre elles
la blessure originelle
est une porte
dont le passage rend joyeux

La Fille

Jeu de poupée

je suis belle comme une idole muette
mes longs cheveux blonds
ne connaissent ni la brise d'été
ni la caresse du soleil
car je ne suis qu'assouvissement
le Maître exige de moi
la perfection plastique
du bleu tatoué sur les paupières
du rouge des ongles et des lèvres
figées dans un sourire immortel
qui jamais ne s'entrouvrent
pour un furieux baiser
je suis belle Barbie limitée
à la vulve cousue mais ô combien rêveuse
quand sa servante me pare
des atouts pour lui plaire
je la devine envieuse
de mon statut de reine
captive d'une cage de rêve
objet de désir perverti par la rage
je suis la prisonnière d'un monstre
il me tient ligotée à un trône
dans un donjon peuplé de chimères
dans un château aux pierres suintant

des rigoles de larmes amères
comme le Maître
se met en colère
il perd la tête et me renverse sur le sol
arrache ma robe d'émeraude
et se jette sur ma gorge
souvent j'ai tenté d'échapper à son joug
recherchant punition plus sévère
qu'il me fouette le dos
et que las
d'allonger ma liste d'infortunes
il me fasse l'amour un soir de pleine lune
qu'il décoiffe mes longs cheveux blonds
déchausse mes pieds
moulés par les escarpins à pic
puis se fonde avec tendresse
entre mes jambes inertes
baise mes genoux de caoutchouc
frappe à la porte de ma dure poitrine
aux globes aveugles
et que tout recommence !
la servante
le bain
le parfum

les parures
puis l'ennui
la solitude
et l'espoir
que vienne le courroux du Maître
unir la peur et le bourreau
je suis la poupée parfaite
marionnette d'une fillette
aux fantasmes précoces de mort et d'amour

Dans la robe d'Alice

j'ai porté une jolie robe rose
à col bateau et brodée de fleurs
des bas blancs aux genoux
des souliers dorés d'écolière
un ruban scintillant dans mes cheveux new-wave
un string à l'effigie d'un lapin
un soutien-gorge en dentelle noire
et la promesse d'un pénis à harnais

j'ai raconté l'innocence les doigts
fleurant suave le sexe lisse
j'ai récité des mots-valises
sur une scène au décor cloué
d'un vers terrible de Péloquin
au bar une bagarre a éclaté
je me suis trompée deux fois
de porte des W-C
j'ai dévalé l'escalier en volant
lors d'un rêve étrange
gobé des champignons magiques
enfilé des vers confus
pour les beaux yeux de mon amant-miroir

je suis Alice sur ecstasy
lors d'un rave intime
je suis Alice vilaine
j'inspire la fessée et la pédophilie

il est noctambuleure
I'm Alice
you wanna fuck me?

Ma génitrice

je suis la fille indigne d'une mère indigne de moi
je suis la putain orgasmique
la voleuse de maris de sept ans
moins zéro sous mon nombril
je me suis présentée nue à cette morte
elle me voulait vêtue de rose
pour oublier ses funérailles
poussant le landau le dimanche
matins de messes basses
elle a craché son eau bénite
sur mon ventre occulte
indifférent
nourri à l'éther
aux impressions hautement sexuelles
mais maman connaît-elle l'orgasme
autre que le caleçon bien repassé?
je possède des réserves de foudre
j'ai quelques meurtres symboliques
à ma conscience active
j'ai un cimetière dans le cœur
quelques ombres s'y côtoient
sirotent le thé
ou tricotent leurs plaintes
mais moi je me materne

je bois du sperme !
c'est formidable comme je respire
l'absence de ce sexe faible
dans mon ADN
récuré
requiem
j'ai hérité d'un anti-modèle
d'une perspective négative de moi-même
en m'éveillant — quelle chance !
je ne risque plus de devenir comme elle

Maman n'est pas la Mère

maman n'est pas la putain de mes rêves
mauvaise fille que je suis
de naissance sauvage puis domptée
à la poupée blonde mécanique
déracinée coupée du sein nourricier
il fallait suivre les lutins
pour survivre dans la forêt des symboles
remonter aux ancêtres
par les branches cueillir
l'héritage matrilinéaire
qu'elles me rejoignent!
ma lignée de louves
de par mon sang
au-delà de la coupure
Vie/Mort/Vie
maman n'est pas la Terre
berceau de viande voulant
dépoussière tes habitants magiques
dicte le pas dans les sentiers
sous les dolmens dorment les richesses
lit de feuilles mortes
où la blancheur des corolles exulte
vie sur lie de mort
la faim au ventre

dévaler les cycles
maman n'est pas la sorcière
la sage-femme
embryonnaire que je porte
maman n'est pas la Mère
la Source sous les rivières
celle qui inspire la poésie
chut!
un chant d'initiée s'élève
dans la tanière aux louves écorchées
la bête blessée a mis bas
de l'air
accouche de l'air
maman n'est pas le placenta
n'est pas la matrice cosmique
n'est pas le verger de l'âme anhistorique
de par mon sang
je rétablis le contact
de par mon sang
je gravis l'échelon céleste
je nais élevée
ma mère sera rétablie dans la lignée
une fois passée à l'infini
Vie/Mort/Vie

Autonommée

je ne suis pas née deux fois
pour avorter ton rêve
je ne me suis pas consacrée pour t'offenser
je n'ai pas dicté mes lois
pour contredire les tiennes
et renverser le trône
je ne me suis pas libérée moi-même
pour contester ta possession psychique
rejeter le legs de ton animus
que j'exhibe femme totale
je ne me suis pas moi-même créée
pour dénigrer le fruit de tes amours
incendier les clichés de ces vingt-sept années
que ta fierté collectionne
dans des albums de réconfort
pour tes vieux jours
je ne me suis pas ciselée
pour massacrer à la pelle l'œuvre d'art
de ton regard sculpteur
je ne me suis pas délivrée
pour salir ta figure paternelle
usurper ta couronne
et que coule le sang du Christ
je ne me suis pas idolâtrée

pour banaliser ton culte
rompre la chair sacrée
et les os de nos liens
je ne me suis pas suffie à moi-même
pour fuir la force
de tes bras symboliques
pour me jeter dans l'adolescence
et ses affronts sempiternels

mais l'espace physique me pèse
la distance
engage les esprits
dans la césure
et du futur et du passé
d'heureux souvenirs
me hantent
des rêves que je caresse
en silence
qui concernent la fille et la femme
que tu matraques de candeur et d'oubli
volontaire
sanglante rivière
j'invoque Kuan Yin et l'appui
invisible de nos ancêtres

je ne suis pas née à moi-même
pour mourir à tes yeux
je ne me suis pas pleinement aimée
pour ne plus jamais devoir compter
sur ton amour

Le manège d'une môme amoureuse

veux-tu jouer avec moi, papa ?
je ne veux plus seulement mimer
m'asseoir sur toi dans la chaise berçante
te baiser sans arrêt la bouche
beaucoup de bruits mouillés
encore choquer maman
nous moquer d'elle
jalouse qui enrage
qu'elle en crève, veux-tu ?
veux-tu jouer avec moi à l'amour ?
m'embrasser sans témoins
longuement serrer
mon petit corps contre le tien
mes bras enserrant ton cou
je resterais accrochée à ton pouls
collier de fragilité
et toi debout tu tournes !
m'étourdis contre ton cœur
plus vite !
je t'ordonne
je te prie
je suis si petite
magique contre ton torse
le nez dans les longs poils

réconfort argenté
je grandirais tout contre toi
épouserais ta forme
et nos peaux s'ouvriraient l'une sur l'autre
et nos veines se lieraient l'une à l'autre
et nos organes se fondraient ensemble
et nos os se souderaient
je grandirais dans ton corps
tu grandirais dans le mien
autrement je ne suis qu'une enfant
séparée de toi à jamais
tourne, papa !
n'arrête pas surtout
je t'aime et je suis trop petite

À mon père, à mes pères

j'ai écrit des mots durs
qu'un père tremble d'entendre
les images au secours
nous rassurent sur la nature
du jeu
je
n'ai pas été sage
doucement je m'ajuste
à la vitesse du virage
frôlé le crash radical
planté des croix médicales
devant les blanches
au bord de la falaise
dans la nuit éclairée par mes cauchemars
vois, vois comment le néant opère
en programmant la fuite
je me suis éclaté la tronche
mutilé les bronches
avec la fumée de mes incendies
me monte
me monte encore à la tête
vois! comme la folie du feu vert
les petits meurtres entre amis
sont cachés dans nos gènes

combien de générations
dans cette main qui écrit
combien de pauvres hères se désaltèrent
à même le sang de mon cerveau
sur combien de pères me suis-je assise
dans cette chaise?

je suis le fruit mûr de mon futur
basculé dans la vie
et je ne promets rien
je rêve maintenant la nuit
à des remèdes et des formules
tu peux dormir en paix, papa
nous prendrons soin de moi

Ma mère

ma mère
sur le feu les casseroles de mon adolescence
ma mère
objet d'étude volubile
introspection extravertie ma mère
miroir de mes peurs incarnées dans la chair
ma mère mamelue ma mère
les meubles du divorce
la fosse en bas du balcon
la rupture elle aussi
le suicide en pensée
ma mère
une femme
folies entre jeunes filles et femmes
vieilles filles et veuves
venues retisser les fils
ma mère filet de voix
adoucie par l'usure
ma mère faible
et belle
et beau
visage d'une vie sans vices
sur son front sans fard
la cartographie du sacrifice

ma mère ma sœur mon linceul de dentelle
mon seuil des contrées interdites
mon égale ma demie mon fruit
de ses entrailles bénies
mon berceau sauvage
mon terreau fertile
ma mère ma terre promise
ma frontière entière
mon étalon de liberté
ma chimère déshabillée
ma mère soudure
ma mère dure leçon de douceur
solitude embrassée

La Sœur

À ma sœur bachique

à toi Nathalie
à qui je peux encore brosser
le portrait de mes mouvances intimes
tu m'entends souffler je m'entraîne
à être moi-même
et je prends du lointain
intussusceptive et confiante
au fil de notre praxis étincelante
à distance du faux
il faut beaucoup de violence
pour connaître le calme océanique
de culot pour donner un sens
à ce qui m'échappe quand
assoiffée d'orgies et d'agapes
la marée humaine me rattrape
je surfe l'écume aux cuisses
jusqu'à ta retraite médiumnique
respirer tes cheveux roux
je viens chercher des réponses
que nous naissons ensemble
je repars ronde et inspirée
du flot de tes paroles
furie du verbe de ton ventre
balaie mon esprit et le charme

j'arrive et me retire
quand j'ai versé l'urgence
mon appétit de communion
tu le devines
tu me nourrirais à même ton sein
s'il donnait du vin
comme nos destins s'entrelacent

Quand les bacchantes s'emmêlent

des liasses au bout de tiges poussées d'orgueil
de pair avec Épicure
chocolat noir, écorce d'orange et porto tawny
en parfait accord dans nos sens
bercés en alternance
par la paix luxuriante et les extases gamines
croqueuses d'épithètes capiteuses
cigare républicain en bouche — je hume le fumé parfum
du labeur des femmes, de leurs cuisses brunes
heureuse alliance dans la forêt des symboles
je tire en trio l'élu dans la mire des amantes religieuses
ô sommelier marié jusqu'aux oreilles
entends la prière des bacchantes !
ivres leurs seins généreux se pressent
pressentent les arômes d'amande douce
de bois et de bête civilisée
suavité en croupe bronzée
j'y roule une main pudique
nos langues électrisées se touchent et la nature se
déchaîne
les chênes en tremblent pour le bouleau frêle et fier
tige poussée d'orgueil dans la tempête des sens
deux oiseaux sur la branche
repue d'épines je ne mange pas le fruit

le sommier en prend pour son rhume
le madrigal retentit, angoissant de beauté
cheveux épars, la vierge farouche
rêve de levrettes éternelles
en se hissant du passé

Le don empoisonné

je vous fusille de mon regard témoin
le vent cingle mon sexe
ton string troué de dentelle
tu m'as dit de le prendre
prendre tout ce que je désire
toi et moi c'est pareil
deux sœurs marchant dans la nuit
je vous observe marcher parler rire
comme le couple éternel
toi et mon amant
mes pas crissant tes talons
aiguilles enfoncées dans la neige
étoile filant vers ton cocon de vamp
dans ta robe d'été à carreaux
tu décomposes l'hiver hostile
tu confonds le chaud et le froid
le dedans et le dehors
la chair et le plastique
le rouge et le noir dominent
comme des constantes maladives
de floraisons naissantes
avortées puis renaissantes
je nais à chaque bouleversement
aux inspirations brutales de l'aube

tu m'as dit de tout prendre
toi et moi c'est pareil
deux sœurs marchant dans la nuit
toi tu prends tu te sers
promets-moi de m'apprendre

Les jardins secrets

minuit
dans le jardin des délices
là où les désirs fleurissent
en secret
des rumeurs de la ville
et des cassures romantiques
dans la trame du songe
sous une lumière opale
spectrale je défile
à travers les allées de charmilles
en chemise de nuit blanche
fantomatique sur mes seins
libres d'armatures
sans armure au cœur
je viens cueillir les sœurs de mon essence
elles ont promis de m'attendre ici
leurs corolles effleurées
ont chanté « je veux savoir »
belles-de-nuit s'ouvrant à l'absolu
en cercle dans la terre battue
égrégore des corps dansants
se mouvant les unes
soulevant les poitrines haletantes
doigts perdus dans les buissons touffus

les poils perlés de cyprine
sous les rais de lune
une orgie de douceur
que la peur de l'homme noir
n'amenuise
ici dans ce jardin d'Eden nocturne

hélas il n'est en réalité
qu'en de faux paradis
que les bacchantes enivrées
ouvrent leur manteau
sous les feux décadents
exhibent leur fièvre
et cherchant à tâtons un peu de tendresse
s'abandonnent au délire
dans les bras de Sapho
jusqu'à l'aube sépulcrale
la vie reprend son fracas machinal
et la quête solaire se poursuit
les yeux clos
le ventre creux

ces cérémonies secrètes
me blessent
d'être effacées par le jour
mes sœurs oublient leurs gestes
dans le noir
il me faudra encore rêver

Visages de Marie

il n'y a qu'une femme
une seule
toujours la même

épouse et mère
fille et sœur
amante ou maîtresse
vierge et putain
princesse et prêtresse
éternelle poupée dominatrice
magicienne et guerrière
nymphe et sorcière
poétesse ou vivant poème
génésique et phallique
éphémère
immortelle
et vous mes sœurs bachiques

Nathalie je m'ouvre à tes cheveux
flammes dansantes dans l'enceinte
du sacré
à ta peau nacrée
des mille et une révélations
gardienne des secrets
je te livre ma clé

et m'abandonne à ta sensuelle étreinte
dans l'astral
au sanctuaire de nos rituels
entre des fils tissés d'un amour
sororal où se mêlent les rôles
de guerrière et d'oracle
je reçois l'ondée bachique
dans la langueur sereine d'attiser nos corps
à travers les hommes aimés
et le pouvoir de nous aimer sans eux
patience m'as-tu infusée
ma soif enfin tarie
j'aurai bientôt à la bouche
une mer à rendre
aux pauvres hères errant dans le désert
je sais que tu me comprends

Jackie ondine foudroyante de beauté
ton sillage que je poursuis
au carrefour des récits de nos amours
mortifères à petit feu
c'est ton chant sirène qui me charme
ta féminité incarnée
jusqu'au bout de tes ongles polychromes

je respire ton soupir parfumé à l'ambroisie
m'inspire de ton éros généreux
ton corps languide sous une avalanche de blondeur
entends-tu le cuir de mes fourrures se fendre?
dans la moiteur de l'été
tu m'as dit : viens!
et nous avons rompu la distance
imaginée
entre les ondulations du temps
accordé nos battements de cœur
comme deux sœurs de même sang

Hélène souveraine femme inutile
les tourments de l'adolescence
la boum et la bohème juvénile
aux cheveux courts la nuque nue
tes épaules implacables me regardaient
Sapho à fleur de peau
des désirs impensables nés de ta carrure
d'idole figée dans la grâce impérieuse
d'une reine virile malgré elle
des élans aussitôt écartés
j'ai rêvé que tu craquelais ta coquille
qu'ensemble nous prenions d'assaut

la ville piste de danse
les bras dans les airs
folles rieuses et proches
assez pour sentir ton souffle
dans mon cou
que je puisse te frôler sans crainte
or tu m'as souvent fait rire jusqu'aux spasmes

Janick la rouge je me permets de te contempler
de me rappeler tes seins de lune
de madone délurée gisant sur le plancher
empalée de plaisirs
le monolithe délivré de sa lourdeur
s'est envolé
j'ai plané bizarre en des lieux absurdes
sur tes horizons bleutés d'espaces ouverts
en ces nuits où je t'ai confié mes fièvres
à cheval sur les hommes orants
tu étais poème pornographique
cliché dans les écrits de chair
livre ouvert
nageons sans pillage
en hommage à tes yeux de jade
et aux visages de nos amants

resteras-tu fille du désert
à l'oasis paradisiaque?
il me reste encore du vin à t'offrir
quelque part dans un cabinet secret

il n'y a qu'une femme
une seule
toujours la même que j'aime
certains la nomment Marie
d'autres Isis

et toi Francine
Déesse recueillie sur sa force
qui fait se lever le soleil en apparaissant
immanente à mes nuits
tu rayonnes en mes desseins oniriques
où tu passes tel un ange blond
vêtue d'argent de pied en cap
agitant une baguette magique
des paroles d'or s'écoulent de ta bouche
qu'autrement tu consacres à sourire
tu orchestres des tourbillons de rires
même les dieux
un genou sur le sol
t'offrent des roses

diurne Déesse je n'ose t'approcher
de peur de profaner ta paix profonde
avec le récit de mes misères
et les splendeurs de mon aventure
veux-tu de mon silence admiratif?
Munificence
tu nous fais le don de ta présence
entièrement réalisée

je te salue

La Tribade

Ce qu'il reste du Yang

c'est toi qui m'a fait découvrir
les doigts cinglants d'Ani DiFranco
l'emblème de la femme forte
une pâle copie de l'icône
fantôme de toi sur scène
la célèbre en grimaçant
de douleur sur les cordes raides

c'est toi qui m'a fait boire la lie du yang
déjà des années de raideur
de poings fermés sur le parcours
sans comprendre le don des papillons iliaques
forcenée à faire taire ma féminité
à retenir son souffle

c'est toi qui m'a fait mordre la mangue
l'amertume des dialogues
l'explosion des grenades
sur ma langue entre mes tempes
entre mes jambes
qui m'a appris à marcher pour la fierté
quand j'ignorais la honte
je n'ai jamais retenu cette leçon...

de ces nuits blanches dans ma Buick rouillée
de ce coming-out de force
de la condamnation maternelle
à cet espoir de réinventer la famille
plus qu'une caricature de ton idole
une pâle copie de toi
pantin aux doigts sans corne
sans fissures sans veines recousues
sans prise de parole
sans cette armure qui fait le charme des amazones

Hard lesbien

il fait jour
je mouille
je vomis la veille
plaisir et douleur
le dos me brûle
montre-moi ta colère
qu'elle disait
je la veux
elle la cherche
ses ongles me lacèrent
je résiste à l'horreur
de la brutaliser
je crache sur sa face
ma douleur
je la supplie
la menace
la vengeance me broie
les ovaires
des lambeaux de chair
sous ses ongles
des zébrures bêlent
le goût de la haine baigne ma langue
écumante
je bave sur elle

la vache me défie
de lui rentrer dedans
mes ecchymoses se boursouflent
d'orgueil
à vue d'œil
des rangées de dents sacralisent
mon trapèze
tu la veux?
tu l'as cherchée
tu vas la voir ma colère
déjà les cuisses ouvertes
bâtarde baveuse
je pète ma coche
je t'enfonce mes doigts dans la chatte
je bûche sur ton sexe
à coup de jointures
dans ton jus de baveuse
je frappe je frappe je frappe
comme une défoncée
je m'arrête
que s'est-il passé?

Femme faucille

caresser le vide
creusant le corps miroir
ne pas susciter l'obscène érection
du monument funéraire
diffuser la joie jusqu'aux replis originaires
origami de l'âme en papier
injecter l'encre de l'amour
danser des arabesques sous une averse d'élixir
enlacer le squelette
dame mort faite chair
faite femme diaphane
fugitive dans la gamme émotive
femme en chute libre
dans le giron infini de mes membres fluviaux
embrasant bras de chaux
épousant la façade éclatante
les avenues épidermiques
où mes mains serpentent
en elle ivre morte
et c'est sur moi qu'elle s'abat
la faux faite femme
aux yeux cernés d'aurore
la vérité du vide
évanouie dans la clarté
emporte mes désirs dérisoires

Les scorpionnes

je suis venue te voir bondir
de mille feux
dans la rose des vents
d'un bar à l'air vicié
éternébreuse...
sombre beauté pétillante
aux dents stroboscopes
ton rire seul suffit
pour me transporter
tu appartiens à la faune hétéroclite
d'un monde à la limite de l'interlope
et tu fouettes le destin
cet âne buté
comme si la mort n'existait pas
j'ai la mémoire d'une ivresse
qui marginalise l'alcool
des promesses qui s'accomplissent
dans l'urgence des amantes
au rythme d'un automne inéluctable
mais qui tarde à venir
éblouir les scorpionnes

Vol d'un papillon de nuit

femme belle aux lèvres tragiques
à la voix pailletée d'or
chante les destins héroïques
au milieu de nulle part
qu'elle se taise l'absurde résonance
quand Ève épouse tes épaules
vos gorges s'entrelacent
rubans de chairs soyeuses
élévation

invite-moi à danser
la réalité m'est ennuyante
sans l'empoisonnement magique

à la fête je suis orante
jusqu'à ce que tu m'exauces
je glane le nœud de la clarté
à bout de bras nus
envole-toi numineuse
le maelström féerique
charrie nos transports
mon ground immarcescible

Mariposa un soir ainsi
tu dansais autour de moi
comme un papillon de nuit
je voudrais m'isoler...

te serais-tu brûlé les ailes
contre moi Mariposa
emportée
j'étais ancrée dans la lumière

Embrasée

j'ouvre la vanne des vers
tu risques la noyade
je souhaite que mes sens tribades
ne m'aient pas trompée
sur ta trempe de naïade
fille de l'Orient
un monstre cracheur de feu
s'enfonce en toi
sous mes yeux amoureux
tu invoques les dieux
tu te sens bénie par eux
aurais-tu compris qui je suis?
où je tombe extasiée
à genoux devant le brasier
des prières concupiscentes
s'égrènent de tes lèvres
rouges de soleil levant
je contemple l'absolu claironnant
dans l'entrebâillement
de ton sexe puissant d'ouverture
je m'y saigne sur le seuil
un dragon s'y vautre
comme quoi la béatitude
n'a rien d'immobile

La femme phallique

je me suis donné le genre féminin
j'en ai assumé la robotique gynécologique

perforation de l'hymen
crampes d'ovaires
menstruations
fureurs utérines
cycle hormonal de la copulation
horloge biologique
grossesse
césarienne
délivrance
point G
orgasmes vaginaux
orgasmes clitoridiens

or je transgresse les lois organiques
dans la psyché je préside
une assemblée d'hommes en érection
dans l'invisible se trame
mon désir d'entrer dans les femmes
mes pensées sous mes doigts prennent forme
je me sculpte hermaphrodite
mon appétence se dresse
tissée de croyances

d'intentions de conscience
d'aiguilles d'acupuncture
condensé de yang hérité du père
à offrir en présent
trop-plein d'amour sororal à livrer

je détiens un secret d'initiée
que je peux rendre visible pour l'œil profane
instrument
sangle
cuir
métal
silicone
Amour
lumière par-dessus lumière
j'anticipe le prolongement de ma chair
dans la tienne
je t'aime

ouvre-toi
je désire connaître mon étendue
je grossis en toi
t'outrepasse
j'investis le don que tu me fais
ma jouissance s'illimite à un rythme haletant

orifices
passages
enfant je pissais debout dans les champs
j'ai pénétré ma mère en rêve
je t'ai prise à travers un homme
souviens-t'en
dans ta bouche je suis précoce
délivrer le logos
corridor d'absolu

morsure du chaud
mon gland psychique rayonne
et te brûle les muqueuses—il se passe quelque chose
j'éjacule ma présence dans ton espace d'apparition

La Guerrière

Contre la réalité morte

je pars en guerre contre la bêtise humaine
la complaisance des jolis cœurs
le vol morbide des corbeaux
mes assoupissements
contre les dogmes sadiques
séduisant sommeil
comme une fosse aimantée
appelle mon corps
bois mon magnétisme
quand je repose en paix
qu'on me la foute!
la création plein les bras
le nirvana à visiter de fond en comble
des jours gorgés de soleil
de me savoir la réponse à l'appel
je ne tomberai pas sous les balles de l'apitoiement
je ne danserai pas au bal des épaves
je flirterai avec l'ennemi
sans me livrer
ce grand corps noir
aveuglement voulant m'avaler
je ne prierai pas devant l'indicible
je ne brûlerai pas d'un feu
autre que celui de mon être

et si je croule
si je creuse
si je crame
j'aurai combattu
la mort n'est pas au programme

Illumination sur commande

longtemps le Japon dans les gestes
l'autodiscipline forcenée
la justesse de l'esprit
le cœur épris pour son Art
la rectitude du corps entraîné pour tuer
le tueur en soi
les instincts sous contrôle
voici la direction
voilà le kâta parfait que tu dois épouser
par ici le satori !
ichi ni san chi !
au commandement l'illumination !
ce grand miroir dans le dojo
les yeux rivés sur mes esquives
défenses contre-attaques
j'aimerais...
savourer le claquement
du kimono de coton
refaire le nœud de ma ceinture
qui donc est-ce que je frappe
qui dois-je abattre
on m'attaque ?
je ne me sens plus menacée
dans mon esprit...

le combat se joue dans mon esprit
deux voix s'interpellent
mais j'ai le cœur assez vaste
pour embrasser
la guerrière et la rebelle
la vertu de celle qui s'invente
j'ai appris à viser le centre
dans le livre d'une âme pure
j'ai pris en mon sein l'héritage
que mon père m'aura légué
en m'initiant à sa voie
le karaté

La main paracheminée

une assuétude pour la destruction
pourtant j'aspire à l'étude
d'un tsuki parfait donné dans le vide
pieds et mains nus
le poing refermé sur le rien
de la réalité morte
pellicule de film
héroïne animée du troublant désir
de créer l'œuvre ultime
je voudrais l'épée symbolique
ni donner ni recevoir de coups
de cadavre de bouteille sur le crâne
des amours sororales sans jalousie
non la fierté de jeunes mâles
en déconstruction progressive
mes adversaires imaginaires
ma cuirasse de violence
de trop pour l'Art Martial
fendre l'air garder mon bras intact
guerrière sans cause
ma volonté croise le fer
avec mes frères mes idéaux
j'ai même tranché le nœud
de ma ceinture garnie de roses

La tentation du Maître

appartenir à une seule école
goûter l'enrôlement conscient
remiser mon mythe au placard
pour t'obéir ô Maître
ta seule volonté

servir
dans la foulée des automates
belle chose successive
aux appétits rengainés
la ceinture cadenassée
ne plus visiter Vénus
ni les sirènes d'Ulysse

me rendre
omniprésente tentation
à laquelle je résiste
au-delà de mes forces
à l'assaut des chimères

femme plurielle
étoile de mer sur l'asphalte
à vouloir tout prendre
même le pire

Désobéissance

je triompherai de la petitesse
malgré la grossièreté de la vie
que je porte en moi
en m'autosuffisant
je désobéis à la loi de l'espèce
je délaisse le règne animal
qu'ils s'entre-dévorent donc
il y aura toujours un surplus de charognes
un stock de faiblesses
pour faire main basse sur le non-sens
du toit brûlant
je saute vers le haut
je quitte le code survivance
je dirai ma vérité brutale
sans mode défense
en me semant tous azimuts
au risque de déranger
de me mettre en danger
j'ai entrepris d'être moi-même

Réverbération acide

à force de condamner ce monde
l'envisager de travers mes regards pervers
lourds battements de cils
venant d'ailleurs
arsenal poétique
dans mon jeu dans ma main dans ton pantalon
osée kamikaze
tour d'ivoire à détruire
immoler les pelures de peur
chancelante
danser en transe autour du feu
un bûcher
une stèle
la mise aux enchères des esclaves
on se bouscule pour y périr
car nous voulons tous servir
s'offrir
le luxe de la prostitution
à vendre une aventure
trop audacieuse pour la sécurisante linéarité
des petits destins souffreteux
ma volonté d'obus percutant
obsédée par l'éclatement
de mon sang dans le ciel

ciment d'Apollinaire
fomenter le poète
sa récompense
un bout de sein rosi
les larmes d'un crocodile
une vibration inconnue
sa récompense
des oiseaux fous avant l'orage
une averse de vitriol
un bain acide de non-sens

La lumière rebelle

me faudra-t-il partir en exil
pour comprendre que le monde est en moi
articuler le vide
charger mon lance-flammes
de démons intérieurs
et sur tout ce qui n'est pas
mon sanctuaire
exorciser ma rage
il y a des fous à l'urgence
des miroirs déformés dans ce cirque
je cherche la santé dans l'hôpital
la sanité dans un asile
trop d'ombres
trop d'ombres à éclairer
je rêve de m'associer
à une armée de lumière
or je chute
dans la vallée informe
jusqu'aux abîmes je pense
à Zarathoustra
survolant des continents de blessés
je jure à jamais

de confirmer la règle
d'épuiser l'illusion
que le monde doit changer
alors seulement mon exil sera rencontre

Le dojo du dedans

le kimono me fait de l'œil
vif et lucide
sans la torpeur de m'être traînée
de force au dojo
le kimono claque et se froisse
il bouge bien sur le karatéka
flotte sur les avant-bras
comme des drapeaux orientaux
passés à l'ouest
sous les néons blafards du local
il lui prête une âme d'école
mon uniforme au vestiaire
des cérémonies

craquent les articulations
les os ne cassent pas la brique
les paumes sifflent un air tranchant
des couteaux qu'on dégaine
au commandement du Maître
mon père

tous les katas par cœur
le labeur dans le vide
la sueur perlée

fruit salé de l'exigence militaire
qu'épongent d'infatigables étendards
je ne brandirai plus les miens

sur le sol sale
une myriade de pieds nus
se saignent se salissent
polissent les tuiles grises
petits pieds blancs
déposés puis projetés
dessinant des demi-cercles
dans la poussière chuintante
petits pas appris par cœur
talons posés sans bruit
pivots dont je suis le témoin
le point d'ancrage
dans le savoir absolu
tout m'est connu
les pieds les pas les karatékas
je vois le dojo est en moi

Marie-la-Noire

Marie-la-Noire

Marie-la-Noire la nuit t'appelle
la lune gibbeuse croissante
embrase les crécelles
dans les mains des esprits malfaisants

l'hiver s'achève sur la grève
des mots marmoréens
sous un soleil d'encre s'échouent des vers
ivres de sang et de sperme

un cœur palpite sous la toison de jais
et vit la fête la veste à l'envers

cécité céleste confondue à tort
avec l'aveuglement éphémère des météores
des échos en reste dans la mémoire

Poème du scorpion

je suis l'automne à l'année longue
je suis la femme du soir
la langue-bombe
la sombre déesse en furie
est mort l'espoir d'un meilleur monde
en moi
bon nombre tremblent
d'avoir sondé
jusqu'au nombril
la fin de l'homme
je suis la pénombre des punis
je suis la gloire et son tombeau
le tabou du Tao tombe en lambeaux
devant l'hécatombe des croyants
devant les catacombes bondées de pécheurs pourris-
sants et pardonnés
je suis le cauchemar des bornés
l'ange à cornes
l'avaleuse de Jack éventrant l'existence morne
à force de bénédictions
je suis une icône pornographique
une sainte fornicatrice
la matrice du surhomme que le Dieu vivant féconde
je suis le berceau de l'onde purifiant les immondices

dont les formes et fondements débordent de la norme
je suis violence sans silence
je suis la mère morte en exil
je suis la saison des longs violons
je suis le scorpion noir aux innombrables vies

Les vers d'acier

oui je sais
j'écris en marchant des vers d'acier
la solitude m'inspire des univers carnassiers
peuplés d'horribles enfants fragiles

dans mon ventre se retourne l'Idéal
épuisée par le travail
j'accouche comme on avorte en l'an deux mille
sans douleur sur le coup
et même plutôt high
un fœtus bien pâle
qui voudrait encore grandir dans le noir

mes genoux m'accusent d'une raideur coupable
on ne flirte pas avec le pouvoir
en montrant du doigt l'usurpatrice
ou bien je prends mari
ou bien j'assume ma grandeur
sans jouer dans les plates-bandes
des mâles possessifs
s'il est possible
de faire un pas de côté
puis de poursuivre sa voie

j'irai pleurer sans danger
entre les seins des femmes
puisque ma mère pourrit à la verticale
et que seule je n'ai plus la force
de me consoler

Voceratrice

éternelle adolescente au cœur brisé
fragile et fière comme une athlète coulée dans le
bronze
qu'une chaleur excessive fait fondre
liquéfiée
rampante
je m'insinue sous terre où Hadès me confère
d'obscurs pouvoirs et des liasses
de délices
monnayables en surface
puisque le sacré compte peu
pour ces hommes imbus d'eux-mêmes
dans l'invisible
l'équilibre se rétablit
et je botte le cul à ces dieux factices !
tels de faux présidents
j'en appelle à mes hordes souterraines
au peuple de la nuit
à mes légions de je
qu'à la fois sonnent mon heure et le glas
de ma docilité
que les mains de Râ cessent de piller mon temple
il n'est plus à prendre
je ne suis pas à vendre

le corbeau a chanté sur le toit
mais les oreilles n'ont point entendu
le non-dit s'est refermé sur lui-même
en huis clos
le porteur du logos se meurt
étouffé par sa propre queue

Mon visage

ton visage est beau, dit-il
mon visage est celui d'une femme au bord des larmes
ton visage est aminci, dit-il
mon visage est celui d'une femme qui se laisse aller
celui d'une femme autophage
qui boit davantage de scotch qu'elle écrit sa flamme
mon visage est celui de la madone en deuil de son fils
le faciès d'une statue mutilée rongé par le sel
mon visage sourit de force et se décrispe
pour les apparences
mon visage maculé des liqueurs et du bonheur
de ses adorateurs
est le masque de souffrance d'une pleureuse
passe le cortège des amours éponymes
mon visage est le récit clos de la tristesse infinie
celui d'une femme dont la lumière du cœur entache
tout ce qu'elle touche de suie qui ne s'efface qu'après la lie
la face sombre du divin que cachent toutes les laideurs
pour crever de beauté les yeux des initiés
ma défigure mon rictus douloureux des rires ravalés
mon visage lamellé dont les rides se détachent
en fracassant le duvet des joues tendres
ton visage est sombre, dit-il
mon visage est celui d'une femme qui a cessé de croire
en toi

Le trésor négligé

tu remâches et rumines ton manque
à deux pas d'un trésor — tu le graves d'un x
certains hommes devenus fous
n'ont pas connu ta chance
de jouir de moi
d'oser se servir
pirater mon corps sans une impression
de pillage à leur ventre sans vaillance
d'autres font encore la queue
ne serait-ce que pour lisser des doigts la clé
qui sait ? la détenir
s'aiguillonner les portes de l'esprit
par ma félicité souriante
quand aimante je me délivre

je sais trop bien combien je vaux sur le marché
des masses
je sais sonder dans les surfaces
la profondeur des initiés
et déjouer les adorateurs du néant

or tu dis mon trésor mon ange ma chérie
tu le penses — aussitôt tu l'oublies
quand l'amour-du-lointain obnubile ma présence
tu conjugues les transes au passé les orgies

tu préfères rêver de manne céleste
de rémission de spectres!
alors que je suis ici tout près presque blessée
je prendrais la place que ta nostalgie assiège
combler un instant l'espace de tes fantasmes
mais ton abîme est trop vaste
à moi seule je ne peux incarner la magie
si je ne l'évoque pas

Mon nom est personne

mon nom est personne
en moi retentissent les voix
de tous les masques
changeante à la seconde
non fixée dans l'essence
je réponds oui
je réponds non
je change je change
toujours la même personne
recroquevillée dans l'obscurité
je m'y tapis de peur de resplendir
la lumière des dieux
blesse mes yeux de chair
je souffre d'étroitesse
j'attends le miracle
moi moi moi et moi
se relaient à la barre
de la vie de l'enveloppe
l'infini est là
dans le roulement des chimères
la nuit la vie la tempête
un simulacre à la mer
mon nom est personne
le mantra de l'endormi

les frêles âmes au poids plume
ne montent pas au ciel
elles vont nourrir la lune
se reposer au cimetière opale
décomposer leur structure éphémère
leur nom est temporaire
ils forment une grande famille
changeante aux décennies
prétendante au titre d'humanité
au pire l'espèce
légion de somnambules
répand leur nom
non la guerre
non la paix
notre nom est représentation
banc de poisons
jouets des astres
assainissement de masse
je suis tentée par l'impossible
je suis obsédée par l'immortalité
je suis en travail
je suis en cristallisation
je suis en conversion de ma personne
je ne suis pas seule

C'est la transe qui m'agresse

tout va craquer
insolence du système en transe solaire
ma boîte osseuse fendue comme pomme grenade
ombilic à l'air libre
matrice gravide
voie lactée sur le bout des ongles

je frôle l'explosion démographique des Moi mécontents
j'entends le discours des mondes finis
et gronder les blasphèmes
je suis une déesse qui saigne à cheval sur la lune
jongle avec des poupées russes
en lice pour la félicité

ouvrir encore plus grand
nœuds noirs sur tissus argent
ouvrir plus que frontale
laisser passer le courant
pour ne pas souffrir
bénir sinon craquer --- je me sens
vibrer

uppercuts sur le scalp
les racines grésillent aiguës dans l'éther
géante j'enjambe mon corps planétaire
collision des formes folles
par terre le feu est pris

Le septième

j'abattrais tous les poteaux électriques
pour contempler la féerie de ce ciel
je détruirais toute trace de ville
toute prétention de sécurité
pour sentir pleinement
je suis l'épicentre de l'arc-en-ciel
je suis le destin sombre de son arche
poursuivi jusqu'en Chine
la pluie horizontale
je foule la brique
j'arracherais les fils du paysage
ces leurres qu'on communique
quand je communie avec l'eldorado
je garderais en bordure de moi-même
la chlorophylle des feuilles
leur lustre le relief clair-obscur
et le sentiment de quelque chose de grand
émanent de ce ciel événementiel
requins célestes
griffes du diable
ombilic aveugle ouvrant sa gueule
une palme géante
freinant la folle vrille du monde
ralentir jusqu'à percevoir le rose subliminal

quand un Éole joufflu souffle un vent tranquille
sous lui le dragon fixe la brunante
se résorbe dans l'œil attentif
tandis que la muse jalouse
se dresse comme i dans le champ
l'esprit souriant dévoile son septième visage
sa traîne de tonnerre
sa crinière serpents de mer
merveilles en mouvance
et le sentiment d'une puissante
épiphanie évanescente

À Maïra Martinez

La Curenderas

j'ai rêvé d'une femme orageuse
charmeuse de dragons
elle avait la foudre pour chevelure
hérissée dans un ciel électrique
à trancher à la lame de l'âme
ce soir de printemps si désiré

elle ondulait dans l'air du temps
mille mamelles au vent sur sa tête
dansaient dans le clair-obscur
d'un cri elle pouvait couler cent navires
engloutir une ville et son jazz
saccager l'acropole
incendier l'Amazonie

elle s'agrippait à la rambarde pour le pousser
ce son du tonnerre
du faîte de sa puissance
la furie de tous les cœurs à l'unisson
jaillissait de son ventre
elle n'était pas belle
elle était vivante
nature déchaînée

au passage de l'orage fauchant
les chênes s'immatérialisaient
de qui pouvait l'entendre son chant
réchauffait l'écorce gelée
rallumait la flamme sous le chaudron
elle broyait des os en secret
fabriquait philtre d'amour
forgeait le caducée
qu'une désespérance avait brisé

son mana tonnant! rampait
araignée joueuse aux abords du vide
s'immisçait par l'oreille le nez
l'œil le rire
par le sanglot
le sexe de femme
le cerveau fleur bleue

elle pouvait rompre l'envoûtement
tisser des sorts plus heureux (cette femme c'était moi)
secouer l'étoffe caractérielle
l'étendre au soleil et la battre
la battre la battre avec compassion
que de l'habit transsudent les maléfices
qu'au contact de la foudre féroce ils roussissent
et deviennent eux aussi cheveux de sorcière

La Vierge

Marie-Frédérique

j'aurai des bras faits de gros flocons de neige
pour tiédir les ardeurs des pervers
le front nimbé d'une froide lumière
tant elle n'est pas de ce monde
qu'on la croira étrangère à l'amour

j'aurai la tourmente pour destrier
et le midi dans l'âme pour les maçons errants
pour corne de brume le chant de l'enfantement
jo battrai le tambour au cœur de l'ouragan
j'aurai sous les côtes croissant
deux morceaux de ciel apocalyptique
et pour aimer des mains de lait

j'aurai un dossier vierge un présent sans prison
descendant du plus parfait de moi-même
j'aurai le don à la ceinture
un trousseau de vérités devenues folles
des amants pendeloques à mes seins mûrs
tous les serpents du monde pour auréole

j'aurai la forme attirante du vide absolu
et nue je t'apparaîtrai dans le blizzard
et vue je te crèverai peut-être les yeux

Pénétrée de soleil

à quel âge meurt-on?
je suis de cire au soleil
j'ai la peau dorée
des après-midi de chaleur
et l'innocence en fête
j'ai l'ignorance du corps schizophrène
dans le blé des baisers
de ma fente souriante
coulent d'inquiétantes prières
renversée dans l'enfance
les formes pas tout à fait femelles
mon sort androgyne
me soude à l'invisible main du destin
délivrez-moi du malheur
de ne pas être aimée
serais-je laide?
seins naissants
sexe saignant comme un steak
seule à courir dans les champs
le désir à mes trousses
jeune fille inviolée
la mort rôdant mordoréer

Les pelures du dégoût

comment se sent-on sans le dégoût
de tout ce qui entre et sort de soi
ce qui sue suinte et saigne
baigne la gorge
serre le cri dans l'étau traumatique
sans vitrine pare-balles
sans lingerie de bal fétichiste
et baldaquin d'illustres courtisanes
me peler pendant qu'il est temps d'intempéries
dans une assemblée de poètes
brûler mes fourrures
et flambant nue déclarer
c'est ça la poésie
le feu dans les veines
courant jusqu'à nous miroir cassé

sans pudeur des sentiments
sans carapace pornographique
éviscérée sur la place publique
sur la tête une couronne de reine
coulée dans l'horreur
recevoir l'ondée d'or
les coffres aux trésors renfloués
les dents limées de fauve dans l'aine

tous les fuck you-je t'aime assenés
à la face de l'écrivaine
vampire suçotant les larmes d'Ève
à la fontaine des femmes en pleurs
placardées plaquées plantées là
parmi les chardons-Marie
une plainte à bout portant
traînant jusqu'à terre
ses dentelles de désespoir
sans robe de noces dans le cosmos intérieur
baby doll étalé comme un trophée
à promener sur les gratte-ciel
à la fête où tout le monde ment
comment se sent-on
simplement nue dans le vent
dans l'enfance éventrée
souriant debout sans but
quand l'horizon n'est plus menaçant ?

Purgatoire

d'abord je l'ai vidé de tous ses organes
l'opération était propre
il n'y avait ni sang ni souillure d'aucune sorte
il se tenait debout devant moi
il était enfin vide
et cette coque esquissait un sourire absent
il attendait... non il n'attendait pas
il était... non il n'était pas
son image s'accrochait à l'air ambiant
le corps blanc ci-jeté devant
mince évidence évidée
vivant tenant à un fil
mais il était vide
il était enfin propre
j'avais rassemblé tous ses abats
sur un beau tapis de peau à vif
sous une arche près du seuil
du purgatoire
quand une profane me surprit
entre mes dents je pris un morceau
de sa cervelle d'oiseau frappé de stupeur
mâchouillai le scalp sucré
nulle trace de crime

je guidai par la main la fragile apparence
vers une pièce exiguë
où le rituel s'achèverait
par la chaise électrique
il devait s'achever ainsi

[   ]

Près de la plaie

tout près de la plaie
un voile de mariée
j'aurais aimé...
je lèche je lisse je polis les aspérités
du vice rendu pervers
déviance
de l'orgasme
la nature à rebours en
contreplaqué caricature polyfissurée
porcelaine écarlate
picassures sur les amours gigognes
poupée chrysalide
frappe
frappe direct dans l'été
il n'existe plus de porte sur ma cour mon amour
de palissades autour
du jardin des organes
entends le sang ruisseler sans honte
arroser les rameaux
la majesté des ramures
nourriture pure et fragile
sillons de sève sarclés à vif à l'air sucré du printemps
le sacre de l'enfant
sans censure

la mue de l'insecte
artères à nu nubile jeune fille
prends
prends le temps
prends le temps de t'aimer
d'aimer tous tes visages
unifiée l'infini t'appartiendra

La Déesse-Vivante

O crevé

je suis abîme de jOie
plongeon dans la
jOuissance éternelle
dès mon réveil
le jour qui gonfle
qui enfle
j'entends
les hourras des ancêtres
leurs rires élevés
transgresseurs de cimetière
jaillissant!
jet d'O qui rit
j'officie mes ablutions
dans la jOie
je baigne
dans la jOie
dimension nucléaire
évasée en l'aube
de la Déesse Vivante
à moi le jour!
voici l'Offrande!

Point de oui-retour

alors tu veux qu'on communique
ou qu'on communie?
d'œil à œil
le troisième
avance!
que je te voie dans la lumière
hier tu n'étais qu'un homme
je te sens fébrile
fils de personne
tu vibres à côté du fil à plomb
mais approche donc!
laisse sur le seuil
tes genoux qui flanchent
et ton orgueil de mâle
qui pourrait tous nous tuer
viens! reprendre contact
à ton essence divine
à travers le spectacle mon corps
n'aie pas peur d'être nu
vois je m'allonge
je suis sans défense
sans guerre dans les gènes
puisque je ne suis pas née

nous sommes à des années-lumière
d'un champ de bataille ici
je n'userai d'aucune ruse
d'aucun charme ni sortilège
pour te garder
je vais t'avaler
te rendre hommage
je désigne l'enceinte
ton retour dépend de ton amour
mes seins resteront chauds
après ton départ
car tu partiras
ne crains pas de te perdre
en leur douceur archétypale
sur l'autre rive
je t'attends géante
un ruisseau nous sépare
il n'en tient qu'à toi de franchir
le pont des rêves
de débrider ta vastitude
accoucher de toi
une éternelle fois
rentre chez toi
par les eaux primordiales de ma sérénité

je suis corridor d'énergie
je suis la Source en cet instant
je suis la Mère de Dieu et j'ai soif de Christ

La mort du poète

j'avance calme dans le tumulte
certaine d'être ce temple vivant
que cherche le fou
je féconde les semences
chuchote le désir
l'exacerbe à son climax
ouvrant mes cuisses
dans l'axe du Divin

sur terre
le poète épistolaire expire
oscille entre l'ascétisme
et le nucléus implosé
de mon sexe métamère
physiquement béant
sur son néant inhabitable
jusqu'à ce qu'il se rende
se range du côté de la lumière

mon juste vœu exaucé
que la vie m'offre une vie
en échange de la mienne
j'ai donné ce que j'ai de mortel
mosaïque de mes peurs
carrousels de mes masques

romantisme déguisé
tout cela j'ai sacrifié
le sacrifice pour émerger

l'inspiré rêve l'éveil
je me verse
chaudron de lave ardente
en la chapelle de sa faiblesse
par sa bouche avide de folle sagesse
les naissances m'inspirent
des épitaphes célestes
doucement je m'effeuille
je serai nue comme l'hiver
quand frappera le printemps
à sa blessure
lorsqu'il mourra de bonheur
délivré de la violence
de son passé d'illuminé
Je serai le passeur désiré

Sub specie æternitatis

je bénis les raisins
Dieu est maintenant dans le raisin
Il me regarde avec mes yeux à travers eux
maintenant Dieu mange les raisins
se nourrir n'est qu'un plan
de la dimension terrestre
qu'une Déesse peut Se permettre de visiter

car Elle est aussi ce corps de femme
ce tube
ce corridor de muqueuses et de cristal
cette caverne tapissée d'O
ce personnage et le passage du cerceau

la Déesse écrit
et mange les raisins divins
la Déesse vit

Je regarde par la fenêtre le jour
que J'ai accueilli sans jugement
par un acte d'amour
il est beau et paisible
des hauteurs d'où Je le vois
le pur espace des cieux
que J'éprouve dans Mes cellules
euphorisées par le semblable

à l'horizon de Ma verticalité
se dessinent des filaments de coton blanc
séminale chanson
léchant la cime des arbres
les toits brûlants de la ville
en Mon Nom
la mélodie du silence fertilise
les habitants de ces habitacles
fourmis araignées entités
hommes femmes enfants
astres et fantômes
compagnons dans l'ombre
de l'antichambre

la Déesse respire
librement
et mange
l'essentiel
et écrit
par plaisir de circuler
Sa Personne S'étonne : comme ils sont étranges !
ces raisins différents
pénétrant dans Ma bouche !
ce givre plus que vivant qui les recouvre
que Je touche avec les yeux

que Je mâche au moyen de molaires
d'os d'articulations de nerfs
d'impulsions cérébrales
elles roulent sur Ma langue
puis éclatent sous Mes dents
libérant leur eau sucrée

Je déglutis dans la lenteur
d'un temps originel
d'un temps d'avant la césure

les fruits ne souffrent ni n'expient
je me se souviendrai des leçons du paradis

Table des matières

La Mère

La Putain

L'Amante

La Fille

La Sœur

La Tribade

La Guerrière

Marie-la-Noire

La Vierge

La Déesse-Vivante

Collection Poésie sauvage

Komsomolets, Jade Bérubé.

Poèmes du wah-wah, Jérôme Lafond.

La grande ourse avait une petite sœur, Philippe Tétreau.

Les intimités parallèles, Henrye Varennes.

Stances, Kevin Vigneau.

Lubiak, Julien Dupuis.

Préhistoire du monde, Maxime Catellier.

Achevé d'imprimer en septembre 2006.